图书在版编目（CIP）数据

全科知识点大爆炸. 历史知识点大爆炸 / 李骁主编；聪聪老师著；任梦绘. —— 北
京：电子工业出版社，2021.8
ISBN 978-7-121-41142-7

Ⅰ. ①全… Ⅱ. ①李… ②聪… ③任… Ⅲ. ①科学知识 – 少儿读物②世界史 – 少
儿读物 Ⅳ. ①Z228.1②K109

中国版本图书馆CIP数据核字(2021)第087276号

责任编辑： 季　萌
印　　刷： 中煤（北京）印务有限公司
装　　订： 中煤（北京）印务有限公司
出版发行： 电子工业出版社
　　　　　 北京市海淀区万寿路173信箱　邮编：100036
开　　本： 889×1194　1/20　印张：20　字数：384千字
版　　次： 2021年8月第1版
印　　次： 2024年5月第3次印刷
定　　价： 188.00元（全8册）

历史 知识点 大爆炸

全科
知识点
大爆炸
·历史·

李骁 / 主编
聪聪老师 / 著
任梦 / 绘

电子工业出版社

Publishing House of Electronics Industry

北京·BEIJING

目 录

中国教育现状目前遇到的一大问题就是内卷——孩子们通过上补习班，提前学习高年级的知识，从而成为别人口中的学霸。这种情况早已不是秘密。如果你不提前起跑，很有可能在后面就会被落下。而另一个现状就是，大家都去补习了，可上大学的名额并没有变，大家的起跑线还是一样的，却也因此都失去了宝贵的童年。

从儿童大脑发育的角度来讲，6~12岁的孩子处在一个认识世界，形成兴趣，放飞思想的阶段，而过量的补习班却在禁锢住孩子们的想象，这种"揠苗助长"的行为，换来的优秀的成绩却是靠拉低孩子们对世界和未来的创造力而换来的。

创造力和成绩的矛盾看似不可调和，实际上有两全其美的解决方，那就是兴趣至上。如果能够提前引导孩子们喜欢上学习知识，顺其自然地培养出孩子热爱学习的习惯，这样既不会禁锢住他们未来飞翔的高度，也能让孩子获取优秀的成绩，两全其美。

为此，我们请到了各科资深老师、专家、儿童心理发展教育专家和经验丰富的童书编辑，针对6~12岁孩子倾力合著了这套《全科知识点大爆炸》。我们发掘出数学、物理、化学、生物、地理、历史科目中最重要、最具代表性的知识点，力求做到生动有趣，让孩子们提前接触并认识到各科的美妙之处，在他们心里埋下兴趣的种子，等待日后发芽，茁壮成长。后来我们又加入了经济和宇宙的主题，使孩子们平衡发展，在学习客观知识的同时也增加对人类社会性的理解，并且帮助孩子开阔眼界，让他们的思维可以无限延伸。希望在这套书的帮助下，每个孩子都能培养学习兴趣，做掌握全科知识的小达人。

李骁

香港城市大学研究员
中国科学院神经生物学博士

远古时期

第一章

女娲造人的传说

在中国的神话故事中，有个名叫女娲的神，她用水和黄泥造出了男人和女人，从此天地间有了人类，他们在这片土地上繁衍生息。后来天被撞了个窟窿，为了拯救人类，女娲还炼成五色石补天。

炎黄战蚩尤

距今约四五千年前，黄河流域和长江流域居住着许多部落。炎帝和黄帝就是中国古老传说中生活在黄河流域的部落首领。当时，各部落之间经常发生战争，其中，东方的蚩尤部落勇猛异常。黄帝联合炎帝，将两部落联合起来，在涿鹿之战中大败蚩尤。从此，炎帝、黄帝部落结成联盟，经过长期发展，形成了日后的华夏族。

北京人

在北京西南周口店的山洞里，中国考古工作者发现了一个完整的远古人类头盖骨化石，这就是震惊世界的北京人。他们生活在距今70万—20万年前，保留了类人猿的某些特征，手脚分工明显，能够制造和使用工具。远古时期的周口店一带，森林茂密，野草丛生，猛兽出没。在这样险恶的环境中，北京人过着群居生活，往往几十个人一起劳动，用石器等工具与大自然进行艰苦的斗争，这就形成了早期的原始社会。

河姆渡文化

中国是世界上最早种植水稻的国家。距今约7千年的河姆渡原始居民，已经学会使用磨制石器，并且使用耒耜（lěi sì）耕地，种植水稻。他们住在干栏式建筑里，过着定居生活。他们能够挖掘水井，饲养家畜，制造陶器。河姆渡原始居民甚至会制造简单的玉器和原始乐器。

人文初祖——黄帝

相传，黄帝建造宫室，制作衣裳，还教人们挖井，发明舟车……他为后世的衣食住行奠定基础。他的妻子嫘（léi）祖发明养蚕缫丝的方法，他的属下仓颉（jié）发明了文字。后人尊称黄帝为"人文初祖"，至今，海外华人常自豪地称自己为"炎黄子孙"。

尧、舜、禹的"禅让"

传说，继黄帝之后，我国黄河流域杰出的部落联盟首领还有尧、舜、禹三人。他们品德高尚，深受百姓爱戴。尧生活简朴，克己爱人；舜宽厚待人，以身作则；禹领导人民治理洪水，三过家门而不入。相传，尧年老后，征求各部落首领意见，推举舜做部落的首领。舜年老后，采取同样的方法，把首领让给治水有功的禹。这种推举部落联盟首领的办法，历史上称作"禅让"。

约公元前 2070 年，禹建立夏朝，这是中国历史上第一个王朝。禹也从部落联盟首领变成奴隶制国家的国王。至此，中国开始进入奴隶制社会。

我国最早的人类

人类是由类人猿进化而来的。类人猿是一种近似于人的古猿，经过漫长岁月的演变、进化，发展成为现代的人。会不会制造工具，是人类和动物的根本区别。在云南元谋县，科学家发现了两颗门齿化石和一些粗糙的石器，经过专家鉴定，这是远古时期人类的牙齿和遗物。这些物品证明远古人已经学会制造工具并使用火了。元谋人生活在距今 170 万年前，是中国境内已知的最早的人类。

第二章
夏商西周时期

商汤灭夏

夏朝衰败时，黄河下游的商国逐渐强大起来。商的国君汤团结了周围的小国和部落，起兵攻打夏。公元前1600年，夏朝灭亡，商朝建立。作为商朝的开国君主，汤任用有才干的人做大臣，他治国有方，关心百姓。很快，商朝强大起来。

因为内乱和水灾等原因，商朝多次迁都，最终由商王盘庚迁都到殷，都城才稳定下来。所以，商朝又叫殷商或殷朝。

夏朝的兴衰

禹在位时，他的儿子启已经拥有了强大的势力。禹死后，启继承父位，成为夏朝第二代国王。从此，世袭制代替了禅让制，"公天下"变成了"家天下"。这标志着我国早期国家的产生。夏朝前后延续了471年，作为上古三代（夏、商、周）的开始，为华夏文明发展打下了良好的基础。夏朝的最后一个国王桀是历史上有名的暴君，他建造了很多豪华的宫室，强迫老百姓服役，使得国家民不聊生，危机四伏，最终百姓纷纷反抗。

武王伐纣

　　商朝最后一个王是纣，他也是历史上有名的暴君。他修筑豪华的宫殿园林，尽情享乐；又滥用炮烙等酷刑，镇压百姓。他在殷都"以酒为池""悬肉为林"，整日与后妃大臣嬉戏游乐，并大肆从全国掠夺粮食和财宝。这时，周国迅速发展起来。周国国君周文王任用贤臣，国力逐渐强大。他死后，他的儿子周武王联合西方和南方的小国及部落，进攻商朝，最终一举灭商，建立了周王朝，定都镐（hào），历史上称为西周。

西周的分封制

为了巩固统治，周天子实行分封制，就是将土地、平民和奴隶分给王族和功臣，并封他们为诸侯。诸侯要服从周天子的命令，交纳贡品，平时要镇守边疆。如果遇到战乱，要领兵随同天子作战。通过分封制，西周开发了周边的边远地区，加强了统治，成为一个强盛的国家。

西周后期，政局混乱，矛盾日益激化。周厉王作风残暴，平民纷纷指责他。周厉王不思悔改，反而派人严密监视众人的言论行为，谁对自己不满，就杀死谁。于是，国人在路上相见，只能以目示意，不敢交谈，史书上称为"道路以目"。由于周厉王不再接受大臣的劝诫，最终，发生了国人暴动，周厉王被赶出宫，动摇了西周的统治基础。

农业和畜牧业的发展

夏、商、周是以农业为主的社会，农牧业相当发达，现存的农作物——五谷（稻、黍、粟、麦、豆）在当时已经齐备。西周时期，人们使用一定数量的青铜农具进行农业生产。今天家禽家畜的主要品种，在商朝时都已经有了，人们还建有牲畜圈栏。农业、畜牧业的繁荣，也促进了夏、商、周时期灿烂的青铜文明。

青铜锥

青铜锸

短柄翘首刀

圆口铜凿

青铜铲

平口凿

青铜犁

西周的灭亡

西周时期，当外敌侵犯时，士兵便会靠烽火台传信报警。浓烟和火光会把敌情传遍各地，诸侯们就会率兵前来保卫周天子。西周末代君王周幽王昏庸无能，为了取悦王妃褒姒（bāo sì），便下令点燃烽火。当各地诸侯率兵赶到京城，幽王与褒姒居然拍手大笑，大家这才知道受骗了。后来，当敌人再次攻打西周时，幽王派人点燃烽火，这一次，各诸侯均没有来救援。最终，幽王被杀，西周灭亡。从此，天子的权威一落千丈，诸侯纷争的局面出现。

15

春秋战国时期

第三章

齐桓公

春秋争霸

公元前 770 年，周平王将国都东迁至洛邑（yì），史称"东周"。东周分为春秋和战国两个时期。

春秋时期，周天子势力衰弱，各诸侯不再听从天子的命令，而且诸侯国之间经常发生战争。强大的诸侯迫使各国承认他的首领地位，成为"霸主"。著名的霸主有齐桓公、晋文公、楚庄王等。春秋时期战乱不断，导致有些实力较弱的诸侯国被消灭，出现了一些领土疆域较大的国家。

春秋第一霸主——齐桓公

齐桓公任用管仲为相，执掌国政。他采纳管仲的建议，改革内政、发展生产、训练军队，使得齐国的经济和军事实力大大提高。齐桓公打着"尊天子，攘四夷"的旗号，号令诸侯，成为春秋时期第一霸主。

春秋时期的经济发展

春秋时期，社会经济有了很大的发展，尤其是春秋后期，铁质农具和牛耕的出现，促进了农业上的深耕细作，为开发山林、扩大耕地

创造了条件。这也是春秋时期农业生产力水平提高的重要标志。在农业发展的同时，手工业规模扩大，青铜业、冶铁业、纺织业等都有所发展。很多城市出现了商品交换市场，金属货币被更多地使用。

战国七雄

经过近 300 年的纷争，大部分的小诸侯国被兼并，几个大的诸侯国左右着政局，维系周王室统治的制度已经完全崩溃。战国初年，晋国被韩、赵、魏三家大夫瓜分，齐国的政权被大夫田氏取得。齐、楚、燕、韩、赵、魏、秦七个诸侯国的势力较强，史称"战国七雄"。

战国时期，强大的诸侯已不再打着"尊王攘夷"的旗号，而是各自为政，扩充军队，力图拓展疆域。七国都拥有强大的军队，相互之间展开较量。当时的战争规模很大，参战人数多，交战区域广，桂陵之战、马陵之战等历史上著名的战役都发生在这一时期。战国末期，强大的秦国持续不断向外扩张，兼并各国土地。公元前 260 年，秦、赵之间发生空前激烈的长平之战。赵军大败，从此，其他六国再也无力抵御秦军的进攻。

著名的都江堰

战国时期，各国都注意兴修水利。秦国蜀郡太守李冰在岷江中游修筑都江堰，这是闻名世界的防洪灌溉工程。都江堰消除了岷江水患，灌溉了大片农田，成都因此获得"天府之国"的美称。到了汉代，人们为了纪念李冰，雕刻了巨大的石像，立在江边。

商鞅变法

春秋时期，由于铁制农具和牛耕技术的使用和推广，大量荒地被开垦，奴隶主将新开垦出来的土地变成私有财产并出租。他们被称为封建地主，而租种土地的人变成农民。到了战国时期，新兴的地主阶级掀起了变法运动，以商鞅变法效果最为明显。

公元前 356 年，商鞅在秦孝公支持下开始变法。法令规定：国家承认土地私有，允许自由买卖，奖励耕战；根据军功大小授予爵位和田宅，废除旧贵族的特权等。经过商鞅变法，秦国经济发展，军队战斗力不断加强。

中华文明的勃兴

第四章

甲骨文与金文

商周时期盛行占卜，人们用火烧灼乌龟的甲壳或动物的肩胛骨，根据产生的裂纹形状来判断吉凶福祸。当时有专人在乌龟的甲壳或动物的肩胛骨上刻字，记录占卜事项和对吉凶的判断，这种文字被称为甲骨文。

金文

甲骨文

甲骨文具备了汉字结构的基本形式，是一种比较成熟的文字。甲骨文也被认为是中国最早的文字。

商周时期青铜器上刻铸的文字，叫作金文，也叫铭文。商朝青铜器上所铸文字数量少，周朝文字数量多。

屈原和《离骚》

屈原生活在战国末期的楚国，他吸收民歌精华，采用楚国方言，创作出很多优秀诗篇。屈原还创造了"楚辞"这一全新诗歌体裁。他的代表作《离骚》是千古传诵的抒情长诗。在《离骚》中，屈原把风雷电云雨幻化为侍从，让凤凰和龙为他拉车，在太空中任意驰骋，追求自己的理想。这首诗充分表达了屈原对祖国和人民的热爱，具有较强的思想性和艺术性。

公元前 278 年，楚国都城被秦军占领，绝望的屈原于五月初五投汨罗江自尽，以身殉国。后来，楚国人民用种种方式追思诗人。时至今日，每年五月初五，人们为了纪念屈原，还有吃粽子、划龙舟的习俗，而端午节也成为我国传统节日之一。

四羊方尊

高超的青铜器工艺

　　原始社会末期，我国已出现青铜器。到了夏朝，青铜器种类逐渐增多。商朝是我国青铜文化最为灿烂的时期，青铜器生产规模大、品种多、工艺精美。著名的青铜器有巨大的后母戊大方鼎和造型奇特的四羊方尊等。后母戊大方鼎高 1.33 米，口长 1.1 米，重 832.84 千克，是世界上现存的最大的青铜器。

　　到了西周时期，青铜器种类更加丰富，被广泛用于祭祀活动。

后母戊大方鼎

后母戊大方鼎的制作想象图

孔子

大思想家、大教育家孔子

　　春秋晚期的孔子是儒家学派的创始人，他提出"仁"的学说。"仁"包含一切美德，他主张"爱人"，要求统治者体察民情、爱惜民力，反对苛政和任意刑杀。孔子还是一位大教育家，他创办私学，不问出身贵贱和家境贫富，广收门徒，先后培养学生三千余人。孔子注意"因材施教"，他要求学生复习学过的知识，善于启发学生思考问题。他教育学生要有老老实实的学习态度，谦虚好学。后来，孔子的弟子整理出了《论语》，用来记载孔子的言论。

秦汉时期

第五章

秦始皇统一中国

　　长平之战之后，东方各国再也无法抵挡秦军的强大攻势。公元前 230—前 221 年，秦王嬴政陆续灭掉六国，建立了第一个统一的中央集权的封建国家——秦朝，定都咸阳。秦朝的建立，在中国历史发展的长河里，树立起一块新的里程碑。

　　秦王重用李斯、蒙恬等人，积极推行统一战略。为了适应新的统一形势，秦朝创立了一套封建专制主义的中央集权制度。秦王认为自己的功劳胜过之前的三皇五帝，就把"皇""帝"连在一起，构成"皇帝"的称号，他自称"始皇帝"。秦始皇至高无上，总揽全国一切军政大权。

巩固统一的措施

　　为了巩固统治，秦始皇采取了一系列措施。

　　政治方面：建立了从中央到地方的行政机构。中央政府设丞相、太尉、御史大夫，分管行政、军事和监察，最终由皇帝决断。在地方上，废除了分封制，实行郡县制，分天下为三十六郡，郡下设县。

　　经济文化方面：战国时期，各国货币和文字差异很大，影响了经济文化的交流。秦始皇下令统一货币，在全国使用统一的圆形方孔铜钱；统一度量衡，对尺寸、升斗、斤两进行统一规划；统一文字，把小篆作为全国规范文字，废除原来的六国文字。

北建长城

　　为了安定北方，维护国家的统一，公元前 214 年，秦始皇派遣大将蒙恬北逐匈奴，收复了河套地区，让内地的民众移居到那里，并让蒙恬负责修筑了万里长城。万里长城西起甘肃临洮，东到辽东，长达万余里，以防匈奴南进。宏伟的万里长城体现了我国古代劳动人民的智慧与独创性。

焚书坑儒

　　为了加强思想控制，秦始皇接受了李斯的建议，发布焚书令，规定除政府外，民间只准留下有关医药、占卜、种植的书，其他书都要烧掉。如果有人谈论儒家诗书，就要被判处死刑，他曾将暗中批评他的一批儒生在咸阳活埋，这就是历史上的"焚书坑儒"事件。另有说法认为，秦始皇处置的并非儒生，而是方士。

秦朝的暴政

　　消灭六国后，秦始皇令人在咸阳修建了豪华的阿房宫和巨大的骊山陵墓。为了修建它们，秦朝每年役使 70 万名犯人和奴隶，再加上修长城、修驰道等，这样浩大的工程耗费了不知多少人力和财力，百姓们怨声载道。秦始皇死后，他的儿子继位，称为秦二世。秦二世更为残暴，与掌握大权的宦官狼狈为奸，任意屠杀文武大臣，从各地征调囚犯与民夫，大规模修造秦皇的陵墓，人民生活在水深火热之中。

陈胜、吴广起义

　　公元前 209 年，九百多名民夫被押送到渔阳守卫边境，这其中就有贫苦农民出身的陈胜和吴广。他们走到了大泽乡，由于连日大雨冲毁了道路，无法按期到达。按照律令，过了规定的期限是该杀头的。于是，陈胜和吴广设计杀死了押送他们的官兵，号召大家起义。起义军首先进攻了大泽乡，接着攻克了附近几个地方，占领了陈县，建立了政权。陈胜自立为王。各地农民纷纷响应起义，但由于秦军强大，起义最终失败，吴广、陈胜相继被杀。不过，这次起义是中国历史上第一次大规模的农民起义，鼓舞了千百万劳动人民，意义巨大。

秦朝灭亡

陈胜、吴广起义失败后，项羽和刘邦领导的起义军继续进行反秦斗争。公元前207年，项羽以少胜多，在巨鹿打败秦军主力。与此同时，刘邦率兵直逼咸阳。秦朝统治者向刘邦投降，威名显赫的秦朝，仅仅存在15年就灭亡了。

楚汉之争

秦朝灭亡后，拥有重兵的项羽自封为西楚霸王，封刘邦为汉王。双方为争夺帝位，展开争战，历史上称为"楚汉之争"。项羽虽然势力强大，却刚愎自用，一味依赖武力；而刘邦注重收揽民心、善用人才，力量逐渐由弱变强。最终，刘邦率军队将项羽和其部下包围在垓下，项羽兵败，自刎而死。这场历时4年的战争，最终以刘邦取胜而告终。

西汉建立

刘邦打败项羽，统一了全国，于公元前202年建立汉朝，定都长安，史称西汉。西汉是中国历史上继秦朝之后的又一个大一统王朝，又称前汉，与东汉统称为汉朝。刘邦就是汉高帝。

由于秦朝的残暴统治和秦末的战乱不断，当时的社会生产遭到严重的破坏。西汉建立之初，到处是残破荒凉的景象，人民流离失所，就连皇帝的仪仗也配不齐毛色相同的马匹。

为了巩固政权，维护社会稳定，汉高帝吸取了秦朝灭亡的教训，采取休养生息的政策，让士兵还乡务农，大力发展农业生产，减轻赋税。汉初的经济逐渐得以恢复和发展，社会局势稳定下来。

东汉的统治

西汉后期，朝廷越来越腐败，土地兼并严重，社会动荡不安。公元9年，王莽夺取政权，西汉灭亡。不久，王莽政权被农民起义军推翻。公元25年，参加过农民起义的西汉皇族刘秀称帝，定都洛阳，史称东汉。刘秀就是光武帝。为了使社会稳定下来，光武帝多次下令减轻农民的赋役负担，惩处贪官污吏，任用清廉官员。光武帝末年，社会安定，经济形势好转，这个时期被称为"光武中兴"。

东汉中期，外戚和宦官交替专权，政治十分黑暗。这一局面持续到东汉末年，加之灾荒连年，大量农民无衣无食，最终导致大规模农民战争爆发。东汉政权名存实亡。

汉武帝的大一统

西汉初年，分封诸王势力强大，各自为霸，生活骄奢淫逸，甚至公然反抗朝廷派来的官吏，有的还企图谋反。地方上的豪强地主也发展起来，兼并土地，聚敛财富，横行乡里，对抗朝廷。汉武帝即位后，破格录用出身低微的人才，采取一系列措施，加强中央集权。他下诏规定，分封诸王，除其嫡长子继承王位外，可将封地再次分封给其子弟作为侯国，由皇帝来制定封号。这样，侯国越来越多，诸侯国的封地和势力越来越小。汉武帝还接受董仲舒的建议，"罢黜百家，独尊儒术"，把儒家学说作为封建正统思想。汉武帝还大力推行入学教育，在长安举办太学。汉武帝时期，西汉王朝在政治、经济、军事和思想上实现了大一统，开始进入鼎盛时期。

文景之治

汉文帝和汉景帝时期，继续推行休养生息政策，奖励努力耕作的农民，提倡节俭并以身作则，使当时的国力大大增强，人民生活安定。到了景帝后期，国家粮仓充实，府库里的铜钱无法算清，这一时期被称为"文景之治"。

第六章

昌盛的秦汉文化

四大发明——纸

甘肃天水的一座汉墓里，出土了一张纸，这张纸又薄又软，平整光滑。据考证，这是西汉早期用麻做的纸，也是目前世界上已知的最早的纸。欧洲用纸代替羊皮纸做书写材料，是公元12世纪以后的事了。

东汉时，宦官蔡伦总结西汉以来的经验，用树皮、破布及旧渔网做原料，改进了造纸术，由这种技术造出的纸叫作"蔡侯纸"。世界各国的造纸术，大多是由我国直接或间接传去的。造纸术是我国古代四大发明之一，对世界文化的发展起到了巨大的推动作用。

汉代造纸示意图

轰动世界的秦兵马俑

秦汉时期的雕塑艺术水平很高，其中最为杰出的代表就是轰动世界的秦始皇陵兵马俑。经考古发现，秦始皇陵兵马俑坑内共有兵马陶俑八千余件，战车一百三十多辆，还有大量的青铜兵器。兵俑有将军、军吏和士兵等不同兵种。这些俑用泥土塑造烧制而成，与真人、真马大小相当，造型精美。武士俑身披铠甲或短袍，手执兵器，表情丰富，神态逼真；陶马昂首竖耳、双目圆睁，呈嘶鸣腾跃之势。兵马俑形象地展现了两千多年前秦军横扫六国的磅礴气势，是世界艺术宝库中的璀璨明珠。

司马迁和《史记》

司马迁是中国古代伟大的史学家，他生活在汉武帝时期，经过十多年的刻苦努力，编写出《史记》。《史记》记载了从黄帝到汉武帝时期的史事，是我国第一部纪传体通史，成为后世纪传体史书的典范。

这本书文笔简洁，语言生动，人物栩栩如生，是一部优秀的文学著作。

名医华佗和张仲景

汉代最著名的医学家是华佗和张仲景。华佗擅长外科手术，他制成全身麻醉制剂"麻沸散"，让病人和酒服下，失去知觉，然后再进行开刀等外科手术，这是世界医学史上的创举。

东汉末年，张仲景的家乡传染病流行，他决心钻研医学，救死扶伤。张仲景收集民间药方，结合自己实践经验，写成了《伤寒杂病论》，全面阐述了中医的理论和治病原则。由于张仲景医术高明，后世尊称他为"医圣"。

地动仪

东汉前期，洛阳、陇西等地地震频繁，其中两次大地震造成死伤无数。科学家张衡制造了一种仪器，叫作地动仪。它能测定地震发生的方向，是世界上公认的最早的监测地震数据的仪器。地动仪用铜制成，周围有八组杠杆连接外面，外面铸有八条龙，分别朝着八个方向，口中各衔着一枚小铜球。哪个方向发生地震，铜柱就倒向哪个方向，触动杠杆，龙口张开，吐出铜球，落入下方的蛤蟆口中，并发出响声，这样就知道发生地震的具体方向了。

第七章 魏晋南北朝时期

官渡之战

东汉末年，各地出现许多割据一方的军阀，他们彼此长期混战，使得当时的生产遭到严重破坏。占据黄河以南一带的曹操，招募流亡的农民垦荒，组织士兵耕田，实力不断增强。而黄河以北一带，战乱较少，人口众多，粮食丰足，盘踞在那里的袁绍实力强劲。

公元 200 年，袁绍率 10 万大军，进攻曹军，直逼曹军所在地官渡。曹操采纳谋士的计策，火烧袁军屯粮处，袁军军心动摇。曹军趁机进攻，打败袁军。

赤壁之战

官渡之战后，曹操消灭袁绍残余力量，基本统一了北方。208 年，曹操率领 20 万大军南下，想要统一南北。

那时候，长江中下游一带有两个军阀的势力有所发展。一个是依附于荆州割据势力的刘备，他请来诸葛亮辅佐自己；另一个是割据江东的孙权，统治势力比较稳固。南下的曹军迅速推进，刘备见曹军来势凶猛，急忙南逃。诸葛亮建议联合孙权，共同抗曹。最终，孙、刘联军在长江沿岸的赤壁与曹军交战。

交战前，曹操考虑到自己的将士大多是北方人，不习惯水战，就下令把战船连在一起。周瑜的部下黄盖谎称投降，带领战船十余艘，顺着东风向北急驶。战船上堆满了浇油的柴草，外面围着布幔。当靠近曹军战船时，黄盖下令点火，风猛火烈，火船直冲曹军连锁战船，曹军损失惨重。最终，曹操不得不退回北方。

三国鼎立的形成

经过赤壁之战，曹操退守黄河流域一带，不敢再轻易南下。孙权在长江中下游势力得到稳固，刘备趁机占领湖北、湖南等大部分地区，又向西进军，占据四川。220 年，曹操的儿子曹丕废掉汉献帝，自称皇帝，国号魏，定都洛阳，东汉宣告结束。

221 年，刘备在成都称帝，国号汉，史称蜀。

222 年，孙权称王，国号吴，定都建业。至此，三国鼎立的局面形成。

西晋的短暂统一

曹丕死后，大臣司马懿逐渐控制了魏国的大权。三国中国力最弱的蜀先被魏国灭亡。266 年，司马懿的孙子司马炎篡夺了皇位，建立了晋朝，定都洛阳，史称西晋。280 年，西晋军队灭掉了吴国，结束了分裂的局面。

西晋的皇室及许多大臣是地主、贵族出身，生活上追求享乐，以豪华奢侈为荣，这也为西晋的灭亡埋下伏笔。

淝水之战

西晋灭亡的第二年，皇族司马睿重建晋朝，都城设在建康，历史上称为"东晋"。公元 383 年，前秦苻坚征集 80 万兵力，打算一举灭亡东晋。两军隔着淝水对峙。东晋要求对手稍向后退，以便晋军可以渡河，与前秦士兵进行决战。苻坚想趁着东晋军队渡河时予以打击，便同意了这个要求。前秦军中汉族和其他少数民族将士占了大多数，他们不愿意为前秦卖命。这一退，整个军队溃不成军。晋军趁机发起进攻，最终以少胜多，大败前秦。

淝水之战后，前秦统治瓦解，北方地区重新陷入混战局面。东晋在南方取得暂时的稳定，为经济发展提供了有利条件。

420 年，大将刘裕自立为王，国号"宋"，结束了东晋的统治。此后，南方经历了四个王朝，统称为"南朝"。

八王之乱

由于统治集团迅速腐朽，西晋第二代皇帝晋惠帝无力治理国家。西晋的皇族纷纷起兵争夺王位，混战十几年，史称"八王之乱"。"八王之乱"耗尽了西晋的国力，中原人口大量死亡，幸存者纷纷逃离，其中逃往南方的人数以万计，这是我国古代历史上第一次大规模的人口迁徙。

北方游牧民族内迁

东汉末年以来，匈奴、鲜卑等北方和西方的少数民族陆续内迁。到了西晋初年，内迁人数已达到几百万。他们同汉族长期杂居，互相影响，民族之间的差异日益缩小。内迁各族趁西晋内乱，起兵反晋。公元316年，内迁的匈奴人灭亡了西晋。从4世纪初到5世纪前期，北方各族统治者先后建立了许多政权，历史上把北方主要的15个政权，连同西南的成汉，总称为"十六国"。

十六国时期，各国彼此攻战，经济遭到严重破坏，人民颠沛流离。4世纪后期，氐族苻氏建立的前秦逐渐强盛，统一了黄河流域。氐族贵族深受汉族文明影响，天王苻坚任用汉人王猛为丞相，采取一系列措施加强中央集权，各民族之间进一步融合。

北魏孝文帝迁都洛阳

北魏建立后，定都平城。那里气候干旱，出产的粮食不足以满足都城众多人口的需求；此外平城位置偏北，不利于北魏对中原广大地区的统治，也不利于鲜卑政权学习和接受汉族先进的文化。于是，北魏孝文帝将都城迁到了洛阳，洛阳从此迅速发展为一座宏伟壮观的城市。迁都后，孝文帝延续了之前的政治、经济改革，在朝廷中使用汉语，禁用鲜卑语；官员及家属必须穿汉族服饰；采用汉族的官制、律令等。这些措施都促进了民族大融合。后来，北魏分裂，北方先后出现了四个王朝，北魏和这四个王朝统称为北朝。

北方统一和民族的融合

4世纪后期，我国东北地区的一支鲜卑族强大起来，建立了北魏。北魏依靠骁勇善战的骑兵部队，长驱直入中原，迅速吞并北方地区的几个割据政权，并在439年统一黄河流域。那时候，黄河流域各族人民长期生活在一起，日常接触频繁，在生产技术和生活习俗上互相影响，民族融合成为趋势。

第八章

承上启下的魏晋南北朝文化

割圆术

祖冲之与圆周率

南朝的祖冲之是我国著名的数学家和天文学家，他一生最为突出的成就是计算出了比较精确的圆周率。圆周率是圆周与半径的比例，祖冲之利用并发展前人创造的"割圆术"，在世界上第一次把圆周率的数值计算到小数点以后的第7位数，也就是3.1415926和3.1415927之间。

祖冲之

贾思勰和《齐民要术》

北朝的贾思勰（xié）是我国历史上著名的农学家，他注意向有经验的农民学习，并亲自参加农业生产实践。他编著的《齐民要术》总结了我国北方劳动人民长期积累的生产经验，介绍了农、林、牧、渔业的生产技术和方法，强调农业生产要遵循的自然规律等。《齐民要术》是我国现存的第一部完整的农业科学著作，在世界农学史上占有重要地位。

王羲之

大放光彩的书画艺术

东汉末年，书法逐渐成为一门艺术。魏晋时期，流行的书法字体逐渐由篆书、隶书转化到楷书，草书和行书也逐渐流行起来。东晋的王羲之集书法之大成，写出的字，或端秀清新，或飘若浮云，矫若惊龙。他的代表作《兰亭序》有"天下第一行书"的美誉，王羲之也被后人称为"书圣"。

东晋时期最为出色的画家非顾恺之莫属，他的绘画题材非常广泛，佛教故事、历史故事、人物山水、飞禽走兽无所不画。顾恺之一生创作很多，代表作为《女史箴图》和《洛神赋图》。

郦道元

郦道元和《水经注》

北魏的郦（lì）道元是我国古代杰出的地理学家。他少年时代就热爱大自然，后来游历了许多名山大川。他写的《水经注》是一部综合性的地理学专著，记载了许多前人没有记载过的河流，全书详细介绍了江河流经地区的山川城镇、地形物产、风土人情、历史古迹等。

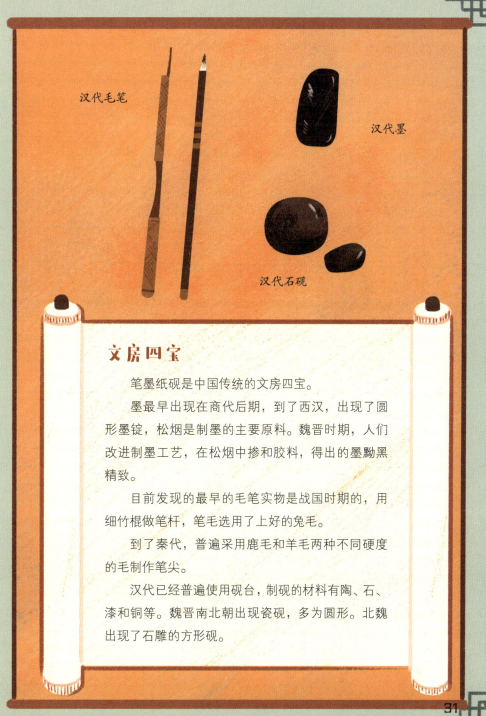

汉代毛笔

汉代墨

汉代石砚

文房四宝

笔墨纸砚是中国传统的文房四宝。

墨最早出现在商代后期，到了西汉，出现了圆形墨锭，松烟是制墨的主要原料。魏晋时期，人们改进制墨工艺，在松烟中掺和胶料，得出的墨黝黑精致。

目前发现的最早的毛笔实物是战国时期的，用细竹棍做笔杆，笔毛选用了上好的兔毛。

到了秦代，普遍采用鹿毛和羊毛两种不同硬度的毛制作笔尖。

汉代已经普遍使用砚台，制砚的材料有陶、石、漆和铜等。魏晋南北朝出现瓷砚，多为圆形。北魏出现了石雕的方形砚。

第九章

隋唐时期

南北重归统一

北周末年，外戚杨坚掌管大权。581 年，他夺取北周政权，建立隋朝，定都长安，史称隋文帝。589 年，隋军南下，灭掉了南朝最后一个朝代陈，南北重归统一。

隋文帝是位励精图治的皇帝，他改革制度，发展生产，注重吏治，使国家出现安定统一的局面。隋文帝提倡节俭，以身作则，在他统治的二十多年间，形成了崇尚节俭的社会风气，人口大幅度增长，国力得到增强。

大运河的开通

为了加强南北交通，巩固隋王朝对全国的统治，隋炀帝征集几百万人，从 605 年起，修建了一条纵贯南北的大运河。大

Tips：科举制

为了改变魏晋以官员只从权贵子弟中拔的弊端，隋文帝使分科考试的方法选拔员。到了隋炀帝时期正式按照考试成绩选人才。科举制度正式生。出身不高的读书也能凭才学为官。

运河全长两千多千米，以洛阳为中心，北达涿郡，南至余杭，连接海河、黄河、淮河、长江和钱塘江五大河流，成为我国南北交通的大动脉，也是古代世界上最长的运河。大运河的开通，大大促进了我国南北经济的交流。

《状元》

唐朝时，科举制度逐渐完善。进士科考中的第一名，称为状元。

科举制度让很多有才识的读书人有机会进入各级政府任职，促进了教育事业和文学艺术的发展。科举制度在我国封建社会延续了一千三百多年，直到清朝末年才被废除。

唐朝的建立

隋炀帝统治后期，暴虐无道，终于导致隋末农民大起义。在起义军的打击下，隋王朝逐步走向崩溃。618年，隋炀帝在江都被部将杀死，隋朝灭亡。同年，在太原起兵的贵族李渊进入长安，建立了唐朝。李渊就是唐高祖。

唐高祖退位后，传位于李世民，也就是唐太宗，年号贞观。

贞观之治

唐太宗吸取隋朝灭亡的教训，明白统治者不可过分压榨百姓。政府要轻徭薄赋，发展生产；皇帝要勤于政事，从善如流；大臣要廉洁奉公，统治才能长久。

唐太宗重视发展生产，减轻农民赋税劳役，同时注意戒奢崇俭。唐太宗注意任用贤才和虚心纳谏，他任命富于谋略的房玄龄和善断大事的杜如晦做宰相，人称"房谋杜断"。他还重用敢于直言的魏征，魏征前后向他进谏二百多次，是最著名的谏臣，十分受唐太宗的器重。

贞观年间，赋税减轻，大量荒地被开垦出来，社会经济出现繁荣景象。这段时期政治清明，经济发展，国力增强，历史上称为"贞观之治"。

一代女皇武则天

武则天是我国历史上唯一的女皇帝。她本是唐高宗的皇后，逐渐掌握实权，晚年称帝，改国号为周。武则天当政期间，继续实行唐太宗发展农业生产、选拔贤才的政策，使得唐朝的社会经济进一步发展，国力不断增强。

开元之治

武则天之后，唐朝政局动荡，直至唐玄宗即位才稳定了局面。唐玄宗任用熟悉吏治、富于改革精神的姚崇等人当宰相，同时，还采取很多有效措施，对官僚体制进行改革。他精简机构，裁减多余官员；确定严格的考核制度，加强对地方官吏的管理；重视县令的任免，亲自考核县令的政绩。唐玄宗还在全国范围内提倡节俭，命人烧毁宫内一批珠玉锦绣，表示不再用奢侈品的决心，一改武则天以来后宫盛行的奢靡之风。这些改革措施，使得这一时期的政局为之一新，史称"开元之治"。

开元盛世的经济繁荣

　　唐玄宗时期，社会经济呈现一派生机勃勃的景象。唐玄宗下令修建了四十多处大型水利工程，农耕技术得到很大发展。南方水稻广泛采用育秧移植栽培技术，产量大大增加，江南地区成为重要的粮食产地。茶叶生产迅速发展，饮茶之风开始兴盛，出现了世界上第一部茶叶专著——《茶经》，该书作者陆羽被后世称为"茶圣"。

　　唐朝手工业发达，丝织品种类花色很多，丝织技术高超。陶瓷业在唐朝有重要发展，越窑青瓷、邢窑白瓷和唐三彩最为有名。

　　唐朝商业繁荣，大都市有长安、洛阳、扬州和成都。长安城宏伟富丽，城内分为坊和市，坊指居民住宅区，市指繁华的商业区。长安既是当时各民族交往的中心，又是一座国际性的大都市。

　　唐玄宗统治前期进入全盛时期，历史上称为"开元盛世"。

唐朝的衰亡

　　唐玄宗统治后期，渐渐贪图享乐，宠爱杨贵妃，不理朝政，还任用奸臣，造成朝政混乱，导致以安禄山和史思明为首的藩镇叛乱。历史上把这一事件称为"安史之乱"，唐朝自此日趋衰落。公元9世纪后期，爆发了农民大起义，唐朝瓦解。公元907年，唐朝灭亡。

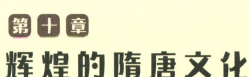

第十章
辉煌的隋唐文化

世界上最古老的石拱桥——赵州桥

　　隋唐时期的建筑，规模宏大，华美无比。隋朝杰出工匠李春设计并主持建造的赵州桥，是世界上现存最古老的一座石拱桥。这座桥设计科学，桥面平缓，造型也非常美观。700 年后，欧洲人才建成类似的桥。赵州桥位于河北赵县，桥的大拱两端各有两个小拱，既可以加大泄水面积，减少洪水对桥身的冲击力，又可以减轻桥身重量对桥基的压力。桥两侧栏板上雕刻着龙形花纹，这些石雕刀法古朴苍劲，龙的姿态栩栩如生。赵州桥历经近 1400 年的风雨，至今仍然屹立不倒。

雕版印刷术的发明

　　印刷术是我国古代的四大发明之一。雕版印刷是把要印的文字反刻在一块块木板上，让文字凸起，然后在字面上涂墨，覆上纸，轻轻一刷，文字就印在纸上了。隋唐时期，已有通过雕版印刷制成的佛经、日历和诗集。唐朝印刷的《金刚经》是世界上现存最早、标有确切日期的雕版印刷品。

墨韵流芳的书法

　　隋唐书法界名家辈出，最著名的当属颜真卿和柳公权。颜真卿创立了雄浑敦厚的新书体，人称"颜体"，他是继王羲之之后我国书法史上最有成就的书法家。柳公权博采众长，别出新意，自成"柳体"，他的字方折俊丽，骨力劲健，以楷书见长。后人把柳书和颜书并称为"颜筋柳骨"。

李白

杜甫

白居易

光耀千古的诗坛及诗人

　　唐朝是我国诗歌创作的黄金时代。唐诗内容丰富，风格多样，涌现出一大批才华横溢的诗人。今天，我们依然能读到唐朝两千多位诗人留下的近五万首诗歌，李白、杜甫和白居易等人的诗歌更是影响深远。

孤帆远影碧空尽，唯见长江天际流。
——李白

朱门酒肉臭，路有冻死骨。
——杜甫

离离原上草，一岁一枯荣。
野火烧不尽，春风吹又生。
——白居易

　　李白性格豪放，游踪遍及南北各地，从而写出大量赞美名山大川的壮丽诗篇。他的诗既豪迈又清新飘逸，他本人被誉为"诗仙"。

　　杜甫生活在唐朝由盛转衰的年代，他的诗深刻反映了当时复杂、动荡的历史，被后人称为"诗史"。他的诗有的气魄雄浑，有的沉郁悲怆。杜甫也被后人称为"诗圣"。

　　白居易生活在唐朝中期，这段时期提倡诗歌更多地反映现实生活，他的诗直白质朴，通俗易懂。

世界艺术宝库莫高窟

　　石窟艺术在隋唐时期大为发展，最著名的是坐落在今甘肃西部的敦煌莫高窟。莫高窟，又名千佛洞，有一千多个洞窟。莫高窟总面积约4.5万平方米，犹如一座大型绘画馆，四壁和顶上满绘绚丽多彩、形象生动的壁画，壁画主要表现佛教故事，以及隋唐时期社会繁荣的景象。身披飘拂长带、凌空起舞的飞天，以及反弹琵琶、载歌载舞的仙女，就是敦煌壁画的代表作。

　　此外，莫高窟里还有大量形象生动的彩色塑像，保存了大量佛经、文书。莫高窟是世界最大的艺术宝库之一。

第十一章

宋元时期

契丹的兴起与陈桥兵变

隋唐时期，契丹逐步强大起来，到了唐朝末年，不少中原人为躲避战乱，来到了契丹地区。契丹人与汉人接触，逐渐学会了种庄稼、冶铁、建房屋。10世纪初，契丹建国，不断向南发展。辽太宗时，占领了幽云十六州，从此，与中原政权冲突加剧。同一时期，唐朝已灭亡，黄河流域相继由五个朝代统治，合称五代。960年，后周大将赵匡胤在陈桥驿发动兵变，手下的将士把一件黄袍披在他身上，高呼"万岁"。赵匡胤建立了宋朝，取代后周，以开封为东京，作为都城，史称北宋。赵匡胤就是宋太祖。

辽、宋、夏之间的和战

北宋建立后，对辽用兵失败，只好采取防御政策。宋真宗时，辽军大举进攻宋，一直打到黄河岸边的澶州城下，威胁京城。北宋朝廷一片恐慌。宋真宗亲自来到澶州城，宋军士气大振，打退辽军。此后很长时间里，辽宋之间保持着和平局面。

当时，西北地区党项族势力崛起。11世纪前期，党项首领元昊称大夏国皇帝，史称西夏。元昊称帝后，连年与宋交战，双方损失很大。后来，双方议和，元昊向宋称臣，宋给西夏"岁币"（朝廷每年向外族输纳的钱物）。此后，宋夏边界贸易兴旺。

金和南宋对峙

  辽宋时期，东北地区的女真族受辽的控制和压迫。12世纪初，女真族的杰出首领阿骨打起兵抗辽，接着在会宁称帝，国号金，他就是金太祖。那时候，辽宋的统治阶级十分腐败，人民起义不断。金灭了辽，又于1127年灭了北宋。北宋皇帝钦宗的弟弟赵构同年登上皇位，后来定都临安，史称南宋。

  南宋初年，金军南下，南宋派将领英勇抵抗。抗金名将岳飞从金军手中收复建康。后来，金军大举进攻南宋，岳飞收复许多失地。宋高宗和权臣秦桧害怕抗金力量强大，威胁他们的统治，就向金求和，并以"谋反"罪名杀害了岳飞。此后，南宋向金称臣，并给金"岁币"。后来，金迁都燕京，改名为中都。

一代天骄统一蒙古

　　我国北方蒙古高原上，居住着许多游牧部落。12世纪时，各部落之间混战不已，再加上受到金朝的奴役，草原人民不得安宁。成吉思汗就出生在这个动荡的年代。他本名铁木真，是一个部落的首领。铁木真组织了一支强大的军队，经过多年征战，打败了周围各部，统一蒙古。1206年，他被推举为大汗，尊称成吉思汗，蒙古国建立。从此，蒙古草原结束了混战局面。

成吉思汗

民族融合的发展

　　元朝时，许多汉族人纷纷来到边疆。边疆各族大量迁入中原和江南，同汉族人杂居相处。原先进入黄河流域的契丹、女真等族，经过长期共同生活，已经和汉族没什么差别了。这种境内大规模的人口流动，促进了各族经济、文化的发展和融合。

忽必烈建立元朝

　　成吉思汗死后，蒙古军队相继灭亡西夏和金，对南宋形成包围之势。后来，忽必烈即汗位，于1271年定国号为元，次年定都大都。忽必烈就是元世祖。1276年，元军占领临安，俘获南宋皇帝，南宋灭亡。

　　元世祖重视发展农业，治理黄河，推广棉花种植。为方便南粮北运，他令人开凿两段新运河，与原有运河相通，使粮食可以从杭州直通大都。那时候，元朝商业繁荣，大都既是政治中心，又是闻名世界的商业大都市，中外交往频繁。意大利旅行家马可·波罗在元世祖时来华，生活了十几年，他的《马可·波罗游记》描写了大都繁华的景象。

忽必烈

灿烂的宋元文化

第十二章

活字印刷术的发明

印刷术是我国四大发明之一。雕版印刷术出现之后，我国刊印了大量精美的书籍。北宋时，毕昇发明了活字印刷术。他将黏土做成陶活字，用来排版印刷。这种方法既经济又省时，大大促进文化的传播。活字印刷术后来陆续传到世界各地。15 世纪，欧洲才出现活字印刷，比我国晚了约400 年。

火炮

指南针的应用

早在战国时期，人们已经发现磁石指示南北的特性，利用这种特性制成了司南。这是世界上最早的指南仪器。北宋时制成了指南针，并开始用于航海事业。南宋时期海外贸易发达，指南针广泛用于航海。

火药的应用

火药是我国古代炼丹家发明的，唐朝中期的书籍里已经有关于火药配方的记载。唐朝末年，火药开始运用于军事领域。宋元时期，火药广泛用于制造战争武器，主要有突火枪、火箭、火炮等。

宋词和元曲

词是一种新体诗歌，句子有长有短，便于歌唱。唐朝时词已经出现，最初只在民间流行。到了两宋时期，词得到了大力发展，成为宋代主要的文学形式。宋代词人辈出，其中以苏轼、李清照、辛弃疾最为著名。根据乐谱要求，每首词有一定的格式，叫作词牌。常用的词牌有《念奴娇》《满江红》《蝶恋花》等。

元朝戏剧空前发达，出现了元曲。元曲由杂剧和散曲组成。元杂剧把音乐、歌舞、动作、念白融为一体，是非常成熟的戏剧形式。元朝最为著名的剧作家是关汉卿，代表作有悲剧《窦娥冤》。

司马光和《资治通鉴》

北宋著名史学家、政治家司马光编写的《资治通鉴》是一部编年体的通史巨著。这部巨著前后编写了 19 年，耗费了司马光的大量心血。这部书按照年代顺序，叙述了从战国到五代的历史。司马光总结出许多历史经验教训，供统治者参考。全书取材广泛、叙事明晰、文笔生动，对研究古代历史有着重要的参考价值。

风格多样的绘画和书法

宋元时期的绘画艺术，题材广泛、风格多样、技巧成熟，突出体现在山水画、花鸟画和风俗画的创作中。大画家张择端创作的《清明上河图》描绘了北宋东京汴河沿岸的风光和繁华景象。画面上的人物栩栩如生，街市、村野、车船等构图错落有致，是我国美术史上的不朽之作。

第十三章

明清时期

明朝建立

元朝末年，政治腐败，灾害频繁。饥寒交迫的农民不得已掀起大规模的反抗斗争。朱元璋领导起义军，攻占应天，实力不断壮大。1368年，朱元璋建立明朝，定都应天，改名南京，朱元璋就是明太祖。

戚继光抗倭

元末明初，日本一些武士和奸商组成海盗武装集团，到中国东南沿海地区进行走私贸易，并大肆抢劫钱财，被人们称为"倭寇"（中国古代称日本为倭国）。明朝中期国力减弱，海防松懈，倭寇对中国沿海的武装抢劫行为日益猖獗，烧杀抢掠，无恶不作。

朝廷派年轻将领戚继光到东南沿海抗倭。戚继光临危受命，多次击退倭寇的侵犯，他带领的军队被人们称为"戚家军"。最终，在他的带领下，福建和广东两地的倭寇得以平定，使东南沿海的倭患基本解除。

郑和下西洋

明朝前期，我国是世界上最为强盛的国家之一。为了加强和海外各国的联系，提高明朝在国外的地位和威望，明成祖派遣郑和下西洋。1405年，郑和率领2.7万余人，乘坐200多艘海船，第一次出使西洋。郑和所率的船队满载着中国的优质丝绸、精美瓷器，以及上等茶叶等各类物品。这些物品有的是为展示大国风度，送礼所用；有的则用于贸易。

截止到1433年，郑和前后七下西洋，到过亚非30多个国家和地区，最远到达红海沿岸和非洲东海岸，比欧洲航海家的远航早半个多世纪。郑和下西洋，堪称世界航海史上的空前壮举，开创了西太平洋与印度洋之间的亚非海上交通网，为人类的航海事业做出了伟大贡献。

45

李自成起义推翻明朝

明朝中后期，政治日益腐败，皇帝沉迷享乐，怠于朝政，国家财政危机深重，朝廷不断加派赋税，民众不堪重负，怨声载道。当时陕西北部连年大旱，庄稼颗粒无收，可官府还不顾百姓死活，继续催征。灾难深重的广大农民再也无法忍受，纷纷发动起义，反抗朝廷的统治。在各支农民起义军中，李自成的队伍发展迅速，是起义的主力军。由于李自成骁勇善战，被称为"闯王"，后来他成为起义队伍的领袖，人称"李闯王"。李自成提出"均田免赋"的口号，得到广大农民拥护，队伍不断扩大。1643 年，李自成率军攻入西安，建立政权，国号大顺。1644 年，李自成带领百万大军，攻进北京城，明崇祯帝自缢而亡。统治长达 276 年的明王朝，最终被农民起义军推翻了。

清朝初期，政府效仿明朝制度，设置内阁和六部，但保留了由满洲贵族组成的议政大臣会议。一切军事大事要经过议政王大臣会议讨论，一旦决定，连皇帝也不

满洲兴起和清兵入关

明朝后期，活动于我国东北地区的女真族不断发展壮大。1616 年，努尔哈赤统一了女真各部，建立政权，国号大金，史称后金。努尔哈赤率军与明朝交战，接连取胜，使明朝北部受到严重威胁。努尔哈赤死后，皇太极继位，继续进攻明朝。1635 年，皇太极改族名为满洲，1636 年，改国号为清。明朝灭亡后，李自成力图推进全国统一，但驻守重镇山海关的明军将领吴三桂

能改变。

后来，为加强君主专制，雍正帝设立军机处，由皇帝选调亲信大臣组成。军国大事凭皇帝裁决，军机大臣只是跪地听旨，然后传给中央各部及地方官员去执行。这样地方军政首脑实际上也直接听从皇帝指挥。军机处的设立，标志着我国封建君主集权进一步强化。

降清，引清兵入关，并与清军联合夹击李自成的军队。李自成在山海关交战失利，转战各地，最后失败。1644 年，清军入关，迁都北京，逐渐建立起对全国的统治。

闭关锁国的政策

清朝统治者坚持以农业为本的传统观念，推行"重本抑末"政策，压抑限制民间工商业发展，由于自给自足的封建经济稳定，他们认为天朝物产丰富，无所不能，无需同外国进行经济交流。当时西方的殖民者正向东方扩张势力，清朝统治者担心国家的领土受到外国侵犯，又害怕沿海人民和外国人交往，会危及自己的统治，于是实行"闭关锁国"政策，严格限制对外贸易。这项政策推行了近200 年，清政府与世隔绝，看不到世界形势变化，也未能学习西方先进的科学知识和生产技术，使中国在世界上逐渐落伍了。

第十四章

特点鲜明的明清文化

雄伟的北京紫禁城和明长城

明成祖在元大都的基础上，修建了北京城。北京城布局严整，城墙高大雄伟，街道宽广笔直，是古代城市建筑的杰作。城中心的紫禁城是皇帝居住的地方。里面宫殿楼阁，千门万户，金碧辉煌，是世界建筑中的瑰宝。

北京城由宫城、皇城和京城三个部分组成的。宫城外面是皇城，皇城外面是京城。中央的宫城又叫紫禁城，也就是今天的故宫。巍峨壮观的宫殿，装饰着精美的木雕、石雕、彩画和金光灿烂的琉璃瓦顶，雍容华贵，气势磅礴。

万里长城自秦始皇修建后，许多朝代不断整修，明朝又进行大规模修筑。值得一提的是，东部险要地段的城墙，用条石和青砖砌成，十分坚固。明长城东起鸭绿江，西至嘉峪关，蜿蜒6000多千米，气势宏伟，凝结着中华民族的智慧与力量。

戏剧的繁荣

明清时期，戏剧表演成为重要的文化活动。汤显祖是明朝后期最富盛名的戏剧家。清朝中后期，北京成为戏班荟萃之地，各种地方戏都在这里上演，形成百家争艳的局面。后来，以徽剧、汉调为基础，融合吸收了其他剧种的曲调和表演方法后，一个新剧种——京剧，诞生了。

汤显祖

古典小说高峰

明清时期，古典小说的创作进入成熟阶段。众多小说家用高超的艺术手法和形象生动的语言，叙述一个个错综复杂的故事，塑造了一个个性格鲜明的典型人物。小说的内容大多反映了当时的社会生活，表达了人民反抗封建统治，追求幸福的意愿。

成书于元末明初的《三国演义》是我国最早的一部长篇历史小说，是罗贯中根据历史记载和民间传说创作的。书中描写了东汉末年到三国时期错综复杂的政治与军事生活，故事情节生动曲折，人物栩栩如生。

《水浒传》是我国第一部以农民起义为题材的长篇小说，塑造了许多被逼上梁山的英雄好汉形象，歌颂了农民的斗争精神。

《西游记》是一部充满浪漫主义气息的长篇神话小说，吴承恩通过孙悟空这个形象，歌颂了人民勇于反抗的精神。

清朝曹雪芹创作的《红楼梦》是我国古典小说的高峰，书中描写了贾、王、史、薛四大封建家族的衰亡，以及贾宝玉和林黛玉的爱情悲剧，深刻鞭挞了封建制度与封建礼教带来的恶果。

书画的成就

明朝时期的书法以行书、草书见长，涌现了董其昌等一批书法家。明朝的绘画以山水、花鸟画居统治地位。水墨写意花鸟画在前人的基础上推陈出新。明末著名画家徐渭善于泼墨，他的画挥洒自如，气势磅礴。清朝的"扬州八怪"，进一步将徐渭的笔墨纵横手法发扬光大，流传下来很多佳作。

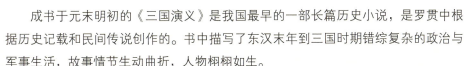

附录：中国历史大事年表古代部分

古代部分（上）

距今约 170 万年 元谋人生活在云南元谋一带
距今约 70—20 万年 北京人生活在北京周口店一带
距今 30 000 年 山顶洞人生活在北京周口店一带
距今约 7000—5000 年 河姆渡、半坡原始居民生活的时代
距今约 5000—4000 年 传说中的炎帝、黄帝和尧、舜、禹时期

夏（约前 2070—前 1600）
约公元前 2070 年禹建立夏朝

商（约前 1600—前 1046）
约公元前 1600 年商汤灭夏，商朝建立

西周（前 1046—前 771）
公元前 1046 年 周武王灭商，西周开始
公元前 771 年 少数民族犬戎攻破镐京，西周结束

春秋（前 770—前 476）
公元前 770 年 周平王迁都洛邑，东周开始

战国（前 475—前 221）
公元前 356 年 商鞅开始变法

秦（前 221—前 206）
公元前 221 年 秦统一六国
公元前 209 年 陈胜、吴广起义爆发
公元前 207 年 巨鹿之战
刘邦攻入咸阳，秦亡

西汉（前 206—25）
公元前 202 年 西汉建立
公元前 138 年 张骞第一次出使西域
公元前 9 年 西汉灭亡

东汉（25—220）
公元 25 年 东汉建立
200 年 官渡之战
208 年 赤壁之战

三国（220—280）
220 年 魏国建立，东汉灭亡
221 年 蜀国建立
222 年 吴国建立

西晋（265—317）
266 年 西晋建立，魏亡
316 年 匈奴攻占长安，西晋结束

东晋（317—420）
317 年 东晋建立
383 年 淝水之战

南北朝（420—589）
420 年 南朝宋建立
494 年 北魏孝文帝迁都洛阳

隋（581—618）

581 年 隋朝建立

589 年 隋统一南北方

605 年 隋开始开凿大运河

唐（618—907）

618 年 唐朝建立，隋朝灭亡

627—649 年 贞观之治

贞观年间 玄奘西游天竺

7 世纪前期 松赞干布统一吐蕃，文成公主嫁到吐蕃

唐玄宗时期 鉴真东渡日本

717—741 年 开元盛世

五代（907—960）

907 年 唐朝灭亡，五代开始

10 世纪初期 阿保机建立契丹国

北宋（960—1127）

960 年 北宋建立

11 世纪前期 元昊建立西夏

11 世纪中期 毕昇发明活字印刷术

12 世纪初期 阿骨打建立金

南宋（1127—1279）

1127 年 金灭北宋，南宋开始

1206 年 成吉思汗建立蒙古政权

元（1206—1368）

1206 年 铁木真建国

1271 年 忽必烈定国号为元

1276 年 元灭南宋

明（1368—1644）

1368 年 明朝建立，明军攻占大都，元朝在全国统治结束

1405—1433 年 郑和七次下西洋

明成祖时期 营建北京城，迁都北京

16 世纪中期 戚继光抗倭寇

1616 年 努尔哈赤建立后金

清（鸦片战争前）（1616—1840）

1616 年 后金建国

1636 年 后金改国号为清

1644 年 明朝灭亡。清军入关

1662 年 郑成功收复台湾

1683 年 清朝统一台湾

1684 年 清朝设置台湾府

1689 年 中俄签订《尼布楚条约》

1727 年 清朝设置驻藏大臣

乾隆年间 清朝设置伊犁将军管辖新疆地区